AF267105

L'INVASION.

SUS AUX ENVAHISSEURS !

L'INVASION.

SUS AUX ENVAHISSEURS!

PAR

HIPPOLYTE MAGEN.

« Vous connaissez, tous, les funestes trai-
« tés de 1815 ; vous savez qu'en déposant
« votre *oui* dans l'urne, vous en déchirez
« LA PREMIÈRE PAGE. »

(Le préfet de l'Isère à ses administrés ; —
novembre 1852.)

« Toute extension de la Russie en Orient,
« serait considérée par la France (*par Louis*
« *Bonaparte*), comme un prétexte suffisant
« POUR ABOLIR LES FRONTIÈRES FRANCO-
« BELGES. »

(Ilis de Butenval, agent diplomatique de
Louis Bonaparte, en Belgique.)

Bruxelles.

CHEZ TOUS LES LIBRAIRES DU ROYAUME.

1855

IMPRIMERIE DE J. H. BRIARD,

Rue Neuve, 31, Faubourg de Namur.

AVANT-PROPOS.

> « Vous connaissez, tous, les funestes trai-
> « tés de 1815 ; vous savez qu'en déposant
> « votre *oui* dans l'urne, vous en déchirez
> « LA PREMIÈRE PAGE. »
> (Le préfet de l'Isère à ses administrés ; —
> « novembre 1852. »
> « Toute extension de la Russie en Orient,
> « serait considérée par la France (*par Louis*
> « *Bonaparte*), comme un prétexte suffisant
> « POUR ABOLIR LES FRONTIÈRES FRANCO-
> « BELGES. »
> (His de Butenval, agent diplomatique
> de Louis Bonaparte, en Belgique.)

La lettre suivante, écrite par un officier supérieur de l'armée française, servira d'avant-propos à cet écrit dédié aux deux peuples que l'invasion menace :

Paris, 5 mai 1853.

« De nombreux régiments se rapprochent, chaque jour, des frontières du Nord ; il est sévèrement interdit aux journaux français de dire un seul mot sur le mystérieux mouvement des troupes. La Belgique et la Suisse sont menacées d'une invasion ; le voisinage de deux peuples libres gêne le despotisme impérial. L'INVASION EST DÉCIDÉE.

« La scène du 1er décembre 1851 se reproduira : un soir, l'empereur donnera ses ordres aux plus dévoués de ses partisans, — et, le lendemain, le sol belge sera envahi ; tout se prépare sourdement pour l'exécution de ce projet arrêté.

« La Belgique est la première victime choisie par Napoléon III ; ses plus fanatiques amis lui répétent, sans cesse, que son honneur exige la destruction du lion de Waterloo, et la révision des traités de 1815.

« D'un autre côté, nos finances s'épuisent, et les impositions dont on frappe les peuples conquis viendraient merveilleusement en aide aux coffres de l'État.

« Louis-Bonaparte se fie toujours à son étoile. Si les organes du gouvernement impérial ne se lassent pas de démentir le projet d'une invasion, ne vous lassez pas d'y croire ; n'oubliez jamais que le coup d'État fut démenti jusqu'à l'heure de son exécution. Le camp de St.-Omer est là, près de vous ; en outre, autour de ce camp, s'échelonnent de nombreux soldats, qu'un signal aurait bientôt groupés. »   ***

L'INVASION.

SUS-AUX ENVAHISSEURS!

PAR HIPPOLYTE MAGEN.

CHAPITRE PREMIER.

Sommaire : La voix de l'Histoire ; l'homme fatal ; le trésor de Napoléon Ier ; l'invasion en était la source. — Occupation de Hambourg et des villes hanséatiques ; dilapidations ; feu sur les Hambourgeois qui veulent rentrer chez eux.—Suppression des lettres.—Cabinets noirs. — Régime de pillage et de dévastation ; spoliations et vols ; résistance. — Un martyr de dix-huit ans. — Charges nouvelles ; décret infernal.—Incorporations des villes hanséatiques à l'empire français. — Injonction dégradante.— Nouvelles spoliations. — La haute-cour prévôtale. — Légitime exaspération. — La terreur et le deuil. — Commission militaire. — Six pères de famille fusillés. — Les Cosaques sont reçus comme des libérateurs. — Modération des Hambourgeois ; insatiables cruautés des Bonapartistes ; confiscations ; otages solidaires ; proscriptions. — Défections. — Siége de Hambourg. — Plusieurs milliers de maisons démolies. — Enlèvement des jeunes filles. — Expulsion des habitants. — Bastonnades. — Flagellation des femmes. — Cruautés inouïes. — Vols dans les cimetières. — Délivrance. — Monument élevé aux victimes de l'invasion bonapartiste.

Peuple Belge, et vous, patriotes de l'Helvétie, que menace l'invasion étrangère, écoutez, écoutez la voix de l'histoire !

Cette voix du passé retentira, sans passion, comme un avertissement qui s'adresse à vous.

Les immenses douleurs, dont elle sera l'écho, vous révéleront les immenses douleurs qu'on vous prépare.

Trop longtemps, l'homme fatal, dont un autre veut renouer à notre âge les traditions maudites, a joui d'une popularité menteuse ; le prestige, qui entourait ce funeste nom, s'évanouit, enfin, aux rayons de la vérité.

Dans l'unique intérêt de son ambition, qui, pour s'assouvir, ne recula devant aucun forfait, il prodigua le sang des Peuples, il assassina la Liberté ;

Se jouant de ses serments et des lois jurées, il fit, des droits les plus saints, la litière d'un égoïsme sans pudeur ;

Amoureux de l'éclat et du bruit, il leur immola dix millions d'hommes ;

Son despotisme brutal en avait enchaîné cinquante-sept millons ;

Il les abattait par coupes réglées ; il les éblouissait par des victoires ; il trafiquait de leur chair avec la Mort des batailles ; il en avait trois cent mille de *revenu* par année ; souvent, il les dévorait avant l'âge *comme un dissipateur emprunte sur le revenu à venir ;*

Son sénat muet votait des hommes ; son corps législatif muet votait de l'argent ; la presse muette ne contrôlait rien ; la Vérité, muselée par la terreur, gémissait de son impuissance ; entre l'adulation ou le silence il fallait choisir.

Malgré l'épuisement de la France (elle avait payé quinze millards d'impôts depuis le mois de septembre 1805, jusqu'au 15 novembre 1813), le trésor impérial regorgeait d'or ; « en 1814, les caves de l'aile septentrionale des Tuileries renfermaient plus de trois cents millions ; en outre, l'empereur avait prêté soixante millions à la caisse d'amortissement, et quarante millions aux droits réunis ; de plus, il avait acheté UNE FORTE PARTIE de rentes et d'actions de la banque de France (1). » Ajoutons à cela,

____

(1) Bourrienne, *Mémoires*, t. X, p. 114.—*Mémorial de Ste-Hélène*, t. IV, p. 135.

cinq millions d'argenterie et cinquante millions de meubles achetés du produit de la liste civile.

Quelle était donc la source de tant de richesses accumulées?

L'invasion.

Bonaparte envahissait les nations, pour les traire jusqu'au sang, pour les dépouiller de leur dernier écu.

Et les fastueux récits de ses fanatiques louangeurs proclamaient, sur tous les tons, l'enthousiasme des peuples envahis.

« Il faut être fou,—s'écrie Bourrienne qui avait accompagné l'empereur dans plusieurs visites faites à des nations conquises,— il faut être fou pour croire à l'enthousiasme d'un peuple opprimé, dépouillé et ruiné, pour l'homme qui le ruine, le dépouille et l'opprime, pour l'homme qui accable un peuple d'impôts, lui enlève périodiquement sa jeunesse dans une progression toujours ascendante, et qui, insultant ce peuple par son faste et l'orgueil de sa puissance, joignant une cruelle ironie à l'abus de la force, fait publier dans le Moniteur que c'est pour son plus grand bien. Tout ce que j'ai vu, tout ce que j'ai su, verbalement ou par mes nombreuses correspondances, tout a concouru à me prouver que ces acclamations n'ont existé que dans l'imagination des flatteurs de Napoléon (1). »

Mais, les faits vont s'exprimer avec une éloquence terrible ; je vais détacher une sombre page de l'histoire des invasions bonapartistes ; Suisses et Belges, méditez-la ; vous y puiserez le courage d'une résistance désespérée à une invasion qui vous réduirait au plus hideux esclavage.

Hambourg était une ville neutre ; cependant, le 19

(1) Bourrienne, *Mémoires*, t. IX, p. 38. Éditon de Ozanne, Paris, 1839.

novembre 1806, Bonaparte Ier donne à Mortier l'ordre de l'envahir. Après la bataille d'Iéna, Bernadotte remplaça le maréchal Mortier ; il exigea un traitement de douze cents francs par jour. En même temps, les subventions et les fournitures de toute espèce, les logements de guerre à chaque instant renouvelés, frappèrent la cité conquise.

Bientôt, à Hambourg et aux villes hanséatiques, on impose des juges étrangers à la connaissance des mœurs et de la langue allemande ; il faut que des interprètes leur traduisent les dépositions et les plaidoiries.

Le général Dupas vient appesantir les fers de l'Allemagne ; il se livre aux plus révoltantes exactions ; l'insolence des envahisseurs n'a plus de bornes : ils arrachent au sénat de Hambourg trente frédérics par jour, pour la table des maréchaux, — vingt pour celle des généraux, — un déjeuner et un dîner de trente couverts pour le commandant, enfin de somptueux logements aux frais de la ville. Les domestiques du général Dupas boivent à flots les vins de Champagne et du Rhin. Dans le court espace de vingt et une semaines, les seules dépenses du général s'élevèrent à 122,000 marcs courant (cent quatre-vingt mille francs).

Un soir, il lui plaît de fermer, à sept heures, les portes de la ville ; c'était vers la fin de mai ; les paisibles promeneurs, qui, suivant leur coutume, s'étaient dirigés vers Altona, sollicitent la permission de regagner leur demeure ; leurs prières sont inutiles ; le général se présente sur les remparts ; des cris suppliants montent vers lui ; il ordonne le feu contre ces infortunés ; la terre se joncha de mourants et de blessés ; un père de cinq enfants tomba mort, sa poitrine était trouée de balles. Ces pauvres Hambourgeois attendirent, jusqu'au lendemain, l'ouverture des portes.

Des plaintes furent adressées à Bernadotte. Lecteurs, je vous soumets sa réponse : « Je suis affligé toutes les

« fois que je vois commettre des injustices ; mais, quand
« les masses se remuent, il n'y a plus de sûreté pour
« personne ; dès lors, *l'autorité protectrice* doit se déve-
« lopper dans toute son activité. Le sénat de l'ancienne
« Rome remettait à un dictateur, dans les temps de
» trouble, le droit de vie et de mort, et ce magistrat ne
« connaissait d'autre Code que sa volonté et la hache de
« ses licteurs. »

Fier de cet horrible bill d'impunité, Dupas opprime
avec plus de rage la ville en deuil : « Tant que je verrai
ces b..... là rouler carrosse, — s'écrie-t-il, je leur de-
manderai de l'argent. » Ses dilapidations redoublent
d'exigence ; un arrêté menace des peines les plus sévères
les habitants qui pousseraient le moindre cri, et ceux
qui se trouveraient réunis, au nombre de trois, sur les
places ou dans les rues.

Un jour, le commerce de Hambourg murmure et se
plaint : des lettres sont supprimées ; des traites annon-
cées n'arrivent pas à leur destination. Deux agents, sous
les ordres du directeur des postes du grand duché de
Berg, arrêtaient les courriers dans un village, et prati-
quaient, dans une auberge, l'ouverture des lettres et des
paquets.

Cette violation du secret des lettres s'exerçait, avec
une scandaleuse impudence, dans toutes les villes impériales ; Rovigo le confirme : « Les lettres lues n'en con-
« servaient aucune trace ; les précautions étaient des
« plus complètes ; dès que quelqu'un se trouvait couché
« sur la liste de surveillance, ses armes, son cachet
« étaient gravés par le bureau, si bien que ses lettres,
« après avoir été lues, parvenaient intactes. Ce bureau
« *central* d'espionnage coûtait six cent mille francs par
« an (1). »

____

(1) Rovigo, *Mémoires*, t. IV, p. 376.

Bourrienne ajoute : « Afin d'empêcher la vérité de cir-
« culer, on avait trouvé bon d'arrêter toutes les commu-
« nications, tous les épanchements de la douleur et de
« l'amitié ; l'ordre fut donné de saisir à la poste les
« lettres qui venaient de l'étranger et celles qui y étaient
« destinées. Quand ce moyen d'investigation fut usé à
« Paris, comme Napoléon l'a judicieusement fait obser-
« ver à Sainte-Hélène, on établit des *cabinets noirs* dans
« les pays conquis ; il y en eut à *Ostende*, à *Bruxelles*, à
« *Hambourg*, à *Berlin*, à *Milan*, à *Florence*. Il suffisait,
« alors, d'un avis de l'autorité supérieure, pour signaler
« à un *bureau secret* une lettre dont on désirait que la
« copie fût mise sous les yeux de l'empereur. Cet intolé-
« rable abus *n'a pas été sans influence sur la chute de
« l'empire* (1). »

Si l'effraction maladroite du cachet ne permettait pas
de dissimuler la violation, ou, si le temps manquait à
l'examen, on mettait de côté toutes ces correspondances.
Bourrienne, en arrivant à la direction générale des
postes, trouva *cinq cent cinquante mille lettres accumulées
depuis sept ans.*

Napoléon III renouvelle ces machinations au grand
jour ; et, — ce qui ne sera pas l'une des moindres hontes
de son règne étrange, — on a vu des magistrats français
consacrer, par un arrêt solennel, cet odieux système « de
« délations, de tripotages, — et d'opérations illicites aux-
« quelles peut se livrer une administration qui a le se-
« cret de toutes les consciences, et celui de toutes les
« affaires. » Aux noms de ces magistrats va s'attacher une
aussi triste célébrité qu'à celui de Laubardemont.

Est-il hors de propos, ici, de rappeler ce que disait un
historien du premier empire Bonapartiste : « La France
« se voit comme emprisonnée dans un édifice de tyran-

(1) Bourrienne, *Mémoires*, t. IX, p. 151.

« nie, dont on ne trouve le pareil que sous les plus
« atroces des soldats romains qui déshonorérent la
« pourpre impériale. »

Ces vols de lettres enlevèrent toute sécurité au commerce de Hambourg, ébranlé, déjà, par les seize millions exigés pour le rachat des marchandises anglaises. L'empereur confisquait une chose, et la revendait à ceux qu'il en avait dépouillés. « On pillait, on volait de toutes parts dans ces malheureux pays. La rapine était mise en régie, et exécutée avec tant de fureur et d'ignorance, que, souvent, on ne savait pas la valeur des choses que l'on prenait (1). »

Les deux autres villes hanséatiques, Brême et Lubeck, étaient soumises à ce régime de pillage et de dévastation.

La résistance des paysans aux prescriptions du *blocus continental*, se manifestait par les armes ; l'épée à la main, on arrachait aux douaniers armés de piques, les marchandises saisies.

Malgré les peines dont on frappait lès Hambourgeois, la lutte se perpétuait contre la barbarie fiscale de l'empereur ; c'était une incessante lutte de la ruse contre la force.

L'Allemagne entière haletait sous le joug impérial ; à Schœnbrunn, un jeune homme de dix-huit ans, Stapps de Narrembourg, essaya de frapper l'oppresseur de son pays.

— Qui vous pousse à ce crime ? lui demanda le tyran.

— Personne, — répondit l'héroïque Allemand ; l'intime conviction qu'en vous tuant je rendrais le plus grand service à mon pays et à l'Europe, m'a mis les armes à la main.

— Si je vous fais grâce, m'en saurez-vous gré ?

— Je ne vous en tuerai pas moins.

Stapps tomba sous le fer du bourreau, en s'écriant d'une voix forte : « Vive la liberté ! Vive l'Allemagne ! Mort à son tyran ! »

____

(1) Bourrienne, t. VII, p. 210.

Honneur à ce glorieux martyr du devoir!

Le mariage de Bonaparte avec Marie-Louise fut signalé aux villes hanséatiques, par l'imposition de charges nouvelles, immenses. L'occupation de Brême par les troupes impériales coûtait déjà, à cette ville seule, vingt-cinq millions de francs. Hambourg avait payé pour cela plus de quarante millions.

Alors, parut l'infernal décret impérial, qui ordonnait « de brûler toutes les marchandises anglaises dans tous les lieux où s'appesantissait la désastreuse domination de Bonaparte. »

Rien ne saurait peindre la désolation répandue, par ce barbare décret, au sein des populations qui demandaient leur existence au commerce. « Quel spectacle, — s'écrie Bourrienne qui en fut le témoin oculaire, — quel spectacle offert à des populations pauvres et manquant de tout, que l'incendie d'objets dont la distribution eût été un allégement à leur misère! Et quel moyen de s'attacher des peuples conquis, que d'irriter leurs privations par la destruction d'une foule d'objets de première nécessité! — La fureur d'envahir n'avait plus de bornes dans l'esprit de Napoléon, et l'heure des villes hanséatiques avait sonné. »

En effet, le Moniteur décréta leur incorporation à l'empire français; Hambourg devint le chef-lieu du département des Bouches-de-l'Elbe. Davoust, que la terreur y précéda, voulut transformer ses officiers en inquisiteurs « chargés de l'introduire dans les familles, et de rendre compte de ce que faisaient, disaient ou *pensaient* les habitants. »

A la gloire des officiers français, j'ai hâte de déclarer qu'ils refusèrent leur obéissance à cette dégradante injonction

Les villes hanséatiques ressentirent cruellement les *bienfaits de leur réunion au grand empire :* les impôts du timbre, de l'enregistrement, des droits réunis et de l'octroi, s'ajoutèrent aux charges écrasantes de ces populations ruinées. Puis, vinrent les impositions de fournitures de guerre, de logements des officiers et des soldats, des administrateurs et de leurs employés. Plus de deux cent mille hommes vinrent s'y équiper à neuf des pieds à la tête. « Les raffineries, les brasseries, les fabriques de toute espèce furent supprimées. On s'empara des caisses de l'amirauté, — de celles des maisons de charité, des fabriques, — *d'économie et de réserve pour* les ouvriers, — *des secours destinés aux infirmes*, — des caisses des hospices, des enfants et des orphelins, et de celles des hôpitaux (1). »

Enfin, une dernière mesure, l'installation de la Haute-Cour prévôtale des douanes, couronne dignement ce monstrueux édifice de spoliation et d'oppression : « Le régime des douanes ordinaires sera regretté, — disait le directeur de cette administration oppressive, — jusqu'à présent on n'a vu que des roses. » Les décrets, sans appel, de cette Haute-Cour poliatrice s'exécutaient sans délai.

La patience des Hambourgeois était lassée : le 24 février 1813, un douanier blessa grièvement un habitant de la ville opprimée. Le peuple incendia le corps de garde, — chassa, de plusieurs postes, les soldats français, — détruisit le bureau des douanes, — et brisa les armoiries impériales. Lubeck fut le théâtre de scènes pareilles. Au lieu de calmer d'aussi légitimes exaspérations, on gorgea les prisons, de gens déclarés *suspects* par les seuls agents de la police française ; une commission militaire fut établie ; et, sur le glacis de la place de Hambourg, on fusilla six pères de famille, « que le hasard ou la curiosité avait conduits sur une place publique, au moment de l'insurrection. »

____

(1) Bourrienne, t. IX, p. 54.

La terreur et le deuil régnèrent partout ; bientôt, la crainte enfanta une agitation sourde et menaçante ; le maire et les anciens capitaines de la bourgeoisie, « représentèrent énergiquement au général Carra-Saint-Cyr, que si l'on ne mettait pas, sur-le-champ, un terme à ces boucheries et *aux tyranniques vexations qui pesaient sur les habitants,* ils ne répondaient pas de prévenir les plus grands malheurs. »

La peur força le général à dissoudre la commission militaire.

Le 17 mars, la population de Hambourg, qui, avant la funeste invasion bonapartiste, s'élevait à cent vingt mille âmes, se trouvait réduite à quatre-vingt mille.

A l'approche des quinze cents Cosaques du colonel Tettenborn, les autorités françaises avaient fui ; le 18 mars, ces Cosaques entrèrent dans Hambourg.

Le despotisme impérial y soulevait tant de haines, que ces Cosaques si redoutés furent accueillis avec enthousiasme ; on les fêta comme des libérateurs.

Tettenborn saisit et vendit tout ce qui appartenait aux agents du gouvernement bonapartiste. Les Hambourgeois formèrent plusieurs compagnies de volontaires ; les dons affluaient ; on vit jusqu'aux servantes elles-mêmes apporter leurs épargnes et leurs bagues ; un boucher équipa, seul, deux compagnies de fantassins et de lanciers à cheval. « Qu'on juge par là, — écrit un historien, — de l'amour que le gouvernement français avait inspiré aux Hambourgeois ! » Le sénat de Hambourg donna au colonel Tettenborn des lettres de bourgeoisie et cinq mille frédérics d'or (cent cinq mille francs). »

Les vengeances des Hambourgeois contre leurs oppresseurs se bornèrent à la déportation de trente douaniers, sur la rive hanovrienne de l'Elbe ; encore était-ce « un ramas de gens sans aveu, de douaniers extraordinaires, chargés de s'assurer des persécutions de la douane contre les habitants, et d'agents de la police française (1). »

En échange de cette modération dans le court usage de leur indépendance, un instant ressaisie, les Hambourgeois, retombés sous la domination bonapartiste, furent la proie de cruautés insatiables.

Docile aux haines d'un fonctionnaire impérial, vicieux, joueur, et dont les dames de Hambourg avaient refusé de recevoir la concubine, Vandamme fusilla deux conseillers de Varen ; il brûla le magnifique village de Lilienthal. A la tête de quarante mille hommes, il reprend Hambourg que de nombreux obus ont sillonné pendant plusieurs nuits.

Les anciennes autorités furent rétablies ; les *cabinets noirs* se réinstallèrent sans mystère ; on frappa la ville reconquise d'une contribution extraordinaire de quarante-huit millions ; en cas de non-payement dans l'espace d'un mois, un décret impérial ordonnait la vente des propriétés mobilières et immobilières ; une liste des Hambourgeois absents fut dressée, et « on enleva, inopinément, *des otages solidaires* pour répondre de ceux qui s'étaient éloignés *par prudence ;* on les déclara, en même temps, *otages solidaires* du payement des quarante-huit millions exigés, et l'on choisit ces otages *parmi les hommes les plus riches et les plus considérés* de Hambourg. On vit parmi eux des octogénaires, et tous furent transportés dans le vieux château de Hambourg, sur la rive gauche de l'Elbe. Là, ces hommes habitués aux commodités de la vie furent étendus pêle-mêle sur la paille des cachots, *où ils restèrent privés des objets indispensables.* Quant aux otages de Lubeck, on les amena à Hambourg, où ils furent jetés dans l'entre-pont d'un vieux navire amarré dans le milieu du canal du port (2). »

(1) Bourrienne, t. IX, p. 119.
(2) Bourrienne, t. IX, p. 129.

Je n'ai point changé un mot au récit de ces exécutions infâmes ; ma plume frémit en les écrivant ; je ne veux pas qu'elle obéisse à l'indignation qui soulève mon âme ; car, j'ai promis de raconter, sans passion, les immenses douleurs des peuples envahis par un Bonaparte.

Je me contente de répéter, avec l'historien de cette invasion : « Que n'ai-je le fouet de Juvénal pour flétrir de pareilles horreurs ! »

La même proscription frappa tous les riches propriétaires des villes hanséatiques, du Hanovre et de la Westphalie ; un arrêté du 24 juillet les déclarait *convaincus de trahison envers la France !*

Les spoliations se succèdent ; enregistrons-les froidement :

15 Août, — Arrêté du préfet de Breteuil, qui ordonne « le séquestre et la vente de tous les biens des quatre plus riches propriétaires de Lubeck et de la fille de l'ancien maire ; »

17 Septembre, — Nouvel arrêté qui prononce « le séquestre dans les vingt-quatre heures, et la vente immédiate de tous les biens des retardataires du payement de la contribution extraordinaire de *quarante-huit millions ;* l'envoi, audelà du Rhin, de toutes les marchandises, si l'on ne trouvait pas à les vendre à Hambourg, — et, tout cela, *nonobstant toutes suppositions, de quelque nature qu'elles puissent être,* ATTENDU QU'AUCUNE CRÉANCE PARTICULIÈRE *ne saurait, dans cette circonstance,* PRIMER LE PRIVILÉGE DU TRÉSOR IMPÉRIAL. »

Cependant, le mois de décembre 1813 est arrivé ; la retraite de Leipsic s'est terminée par le désastre de l'Elster ; toutes les armées impériales sont refoulées vers le Rhin ; la défection des Bavarois s'est accomplie ; les puissances coalisées resserrent, à Francfort, leur union redoutable ; la Suisse, le Danemarck et la Suède ont secoué le joug bonapartiste ; Murat négocie la trahison avec l'Autriche ; la Hollande a joyeusement et paisiblement rompu les chaînes impériales ; Schwartzemberg et Blucher ont passé le Rhin ; les alliés, maîtres de la Saxe, font le siége de Hambourg.

Pénétrons dans cette ville infortunée, autour de laquelle Davoust a élevé un système de fortifications, sur un plan si vaste qu'il a fallu démolir *plusieurs milliers de maisons;* trente mille bonapartistes s'y sont retranchés ; ils ont des vivres en abondance, mais les habitants n'en obtiennent qu'à grands frais. « Le valet de chambre d'un « des lieutenants favoris du maréchal est spécialement « chargé *d'enlever*, pour son maître, *chaque jour, des jeunes* « *personnes honnêtes, soit par force,* soit par ruse (1). »

On s'est emparé de tous les chevaux ; on garde les meilleurs, on tue les autres, et les soldats en vendent les lambeaux aux habitants que la famine dévore.

Le 18 décembre, on chasse de la ville tous les indigents et *toutes les bouches inutiles;* quarante-huit heures leur sont accordées ; « le moindre retard entraîne la confiscation de tous les biens-meubles des retardataires. » Deux jours plus tard, on ajoute à ces rigueurs, « la des- « truction des maisons, et l'avis aux habitants exilés que « ceux qui ne seraient pas sortis de la ville, dans le délai « prescrit par le maréchal, RECEVRAIENT CINQUANTE COUPS « DE BATON avant d'en être chassés. »

Le préfet « SUBSTITUA POUR LES FEMMES LA FLAGELLATION AUX COUPS DE BATON.

Et maintenant, Bourrienne va raconter CE QU'IL A VU : « Dans les derniers jours de décembre, par un froid de seize à dix-huit degrés, des personnes malades ou en bonne santé, sans distinction de sexe ou d'âge, furent arrachées de leurs lits, et transportées hors de la ville ; par un raffinement de cruauté, on contraignit leurs con-

(1) Bourrienne, t. IX, p. 189.

citoyens à leur servir d'escorte, et il a été constaté que plusieurs vieillards périrent, soit dans la ville, soit pendant le transport. On déposait ceux de ces malheureux qui survivaient, hors de la porte qui conduit à Altona. Quelles réflexions ne devaient pas faire ces malheureuses victimes du gouvernement *bonapartiste,* qu'on arrachait à leur domicile (1) ! »

Le croira-t-on ? une ordonnance déclara « que tous ceux qui rentreraient seraient considérés comme des révoltés, comme des complices de l'ennemi, et, comme tels, CONDAMNÉS A MORT PAR UNE COUR PRÉVÔTALE, ET FUSILLÉS. »

Hélas ! les privations qu'ils avaient endurées, les tortures qu'ils avaient souffertes, les ravages de l'épidémie dont ils emportaient le germe, faisaient, déjà, de ces pauvres exilés, la proie de la mort. Ils succombèrent, presque tous, à Altona.

Les oppresseurs de la cité gémissante volèrent, ensuite, les quinze millions de francs de la banque ; on les vit creuser la terre des cimetières, desceller le marbre des tombes, arracher aux cercueils « les plaques d'argent qui les ornaient, selon l'usage du pays, et dépouiller les corps des riches étoffes, avec lesquelles on a l'habitude de les envelopper. »

Hambourg fut enfin délivré au mois d'avril 1814, de la domination étrangère ; les oppresseurs s'enfuirent chargés *des dépouilles hanséatiques et de l'animadversion générale.*

A un quart de lieue du village d'Oltensen, on éleva aux victimes de l'invasion bonapartiste, un funèbre monument, qui, d'âge en âge, livre à la haine et aux malédictions des Hambourgeois la mémoire, exécrée, de Napoléon Bonaparte.

(1) *Mémoires,* t. IX, p. 192 et 193.

CHAPITRE DEUXIÈME.

Sommaire : Deuxième page d'une invasion bonapartiste. — L'Espagne envahie ; héroïque défense ; Sarragosse. — Polders de Breskens. — Les défenseurs de Sarragosse transportés dans des marais pestilentiels. — Horribles tortures des derniers soldats de Palafox. — Le marquis Pedro de Venez, terrassier des polders ; sa hardiesse en face de son bourreau. — Auto-da-fé à Anvers ; requête d'humanité, réponse barbare. — Appel aux Belges ; *Flandre au lion ! sus aux envahisseurs !* — Comment les Belges d'autrefois se battaient et mouraient ; héroïsme de Van der Mersch, des mineurs liégeois, des paysans de Berg, de Conink et de Breydel, des Flamands à Groeninghe, des Anversois, de Jacques d'Artevelde ; glorieux souvenirs ; les 600 franchimontois ; martyrs sublimes ; devoir et patrie ! — Appel aux Suisses ; le cri de Jean de Hallwyl ; les habitants de Prettingœu ; les confédérés du Sattel ; les bergers du Morgatem ; les 500 glaronnais du capitaine Ambuel ; les héroïnes d'Appenzel ; les gémissements des opprimés ; Adam le villageois de Camogask ; Jean Chaldar ; Arnold Schik d'Ury ; Jean de Hallwyl ; Frischlann Theilig et les 600 Lucernois ; les héros de Sempach ; les Bernois de Rodolphe d'Erlach ; les ossuaires de Morat ; mort aux traîtres ! — Solennelle évocation ; le serment de Grutli renouvelé ; l'arbalétrier de Burglen. — Des feux de joie sur les Alpes.

Belges et Suisses, ne vous indignez-vous pas à la seule pensée d'un asservissement qui vous réduirait au sort des Hambourgeois volés, bâtonnés, chassés, fusillés, insultés jusque dans les bras de la mort ?

Votre patriotisme n'a-t-il pas tressailli au récit douloureux de tant d'infortunes accumulées par un seul homme sur un peuple bon et hospitalier ?

Laissez-moi dérouler à vos yeux une autre page, non moins sombre, des invasions bonapartistes.

De terribles scènes se passèrent dans une contrée, qui vous appartenait, alors, enfants de la Belgique menacée.

Et pourtant, elles sont aussi peu connues que celles de Hambourg et de Lubeck.

Vous savez quel cri de réprobation fit tressaillir l'Europe, quand une des trahisons les plus infâmes dont l'histoire ait gardé le souvenir, souilla l'Espagne, en 1808.

Le ravisseur de Toussaint-Louverture qu'il étrangla, et du duc d'Enghien qu'il assassina, était habile dans l'art des enlèvements et des spoliations.

Charles IV, relégué à Compiègne, et Ferdinand son fils, emprisonné à Valençay, l'éprouvèrent cruellement.

Sur tous les points de l'Espagne envahie, l'insurrection se montra fière et furieuse.

La Castille, la Catalogne, la Galice, l'Aragon se hérissèrent de combattants.

Chaque fossé, chaque buisson, chaque ravin, chaque rocher vomissait des balles.

Le sol des Espagnes enfantait, par milliers, des défenseurs et des martyrs.

Entre toutes les villes, Sarragosse, par son courage héroïque, se distingua.

Chacune de ses maisons exigea un siége opiniâtre.

D'étage en étage et de chambre en chambre, les habitants se défendaient avec une rage ardente, désespérée.

Le saint amour de la patrie les enflammait.

Les boulets des envahisseurs, le feu, la famine, l'épidémie en avaient tué cinquante mille.

Sur les ruines de leur cité, les survivants luttaient encore ;

Les blessés ne quittaient leurs armes qu'avec la vie.

Et maintenant, Belges à qui votre indépendance est chère, ne cherchez plus, au sein de leur patrie bien-aimée, les débris de ces immortels lutteurs qui défendirent si bravement leur indépendance.

Le bourreau, dont la ruse et la déloyauté entreprirent cette guerre impie et lâche, pour satisfaire une misérable ambition de famille, le bourreau n'est point las de torturer ses nobles victimes.

Suivez-moi dans ces polders, qui, en 1809, s'étendaient entre les villages d'Yssendyck et de Breskens.

Au milieu de ces marais, où règne, en se nourrissant de miasmes pestilentiels, une fièvre homicide, voyez ces hommes hâves, et n'ayant pas assez de haillons pour couvrir leur nudité grelottante !

Voyez-les, enfoncés dans ces boues où une lente agonie décharne leur visage que crispe une rage impuissante ! Ces spectres chancelants sont les derniers martyrs de Sarragosse la brave ; ce sont les derniers soldats de Palafox.

Par un raffinement de la plus ingénieuse férocité, Napoléon *le Grand* a transporté ces bruns enfants du chaud soleil des Espagnes, au fond des plus froids marais du Nord.

A chaque pas, sur la route qui va des polders à l'hôpital d'Eccloo, on rencontre un moribond qui se traîne, tombe et meurt.

C'est un des derniers martyrs de Sarragosse la brave ; c'est un des derniers soldats de Palafox.

Qu'un sentiment de pitié ne vous engage pas à présenter une pièce d'argent aux pauvres agonisants des polders !

Ils manquent de tout, de vêtements et de pain ; mais, leurs doigts qui s'ouvrent pour saisir le mousquet vengeur de la patrie souillée par l'invasion, leurs doigts maigris se ferment devant l'aumône.

Oh ! n'humiliez pas ces grands martyrs de l'indépendance et de l'honneur !

Écoutez leur fier langage, quand ils s'adressent à l'homme dont leur vie dépend.

Un jour, Bonaparte visite les digues d'Hulst ; à son aspect, la bouche blêmie des Espagnols se contracte. De

leur groupe morne et frémissant, un homme, à peine
vêtu des lambeaux d'une toile humide, se détache, et s'é-
lance vers l'empereur. Son œil, creusé par la fièvre, lance
des éclairs de haine ; la tête haute, les bras croisés, il se
pose fièrement en face de Bonaparte que cette hardiesse
fait reculer d'un pas.

— « Qui êtes-vous ? » s'écrie l'empereur.

— « Un Espagnol, » répond cet homme avec une sar-
donique énergie.

— « Que voulez-vous? que demandez-vous? »

— « A être traités comme des créatures faites à l'image
de Dieu, et non comme des bêtes immondes. »

— « De quel droit vous plaignez-vous? »

— « Du droit sacré que possède celui qui ne doit
compte de sa vie qu'à Dieu. Faites-nous passer par les armes ; nous préférons la mort à votre clémence. »

Ce misérable terrassier qui parlait ainsi à l'empereur,
cet homme couvert de haillons fangeux, était, quelques
mois auparavant, l'un des plus riches et des plus coura-
geux officiers de Charles IV ; il défendit son pays avec
une intrépidité que rien n'arrêtait ; les envahisseurs de
l'Espagne le trouvèrent, blessé, couvert de sang, sur un
champ de bataille, et le jetèrent dans les polders meur-
triers de Breskens ; il se nommait *le marquis Pedro de
Venez.*

Un dernier trait à ce tableau de poignantes misères :
le commerce d'Anvers possédait une prodigieuse quantité
de marchandises anglaises ; Bonaparte ordonna de les
brûler publiquement. Le préfet Voyer d'Argenson osa
supplier l'empereur, « d'excepter du brûlement général
« les draps et les flanelles, afin de les confectionner en
« vêtements pour les malheureux prisonniers espagnols
« qui, *nus et mourant de froid,* travaillaient aux construc-
« tions de la Tête-de-Flandre et des polders. »

Je laisse une apologiste enthousiaste de l'empereur

dire, elle-même, ce qui avint de cette prière : « La ré-
« ponse à cette requête d'humanité apporta *l'ordre exprès de*
« *passer tout par le feu.* Cet acte était très-impopulaire,
« eu regard des maux qu'un peu de clémence aurait sou-
« lagés. *L'empereur garda rancune à M. d'Argenson de sa*
« *demande.*

« Ces auto-da-fé durèrent longtemps ; le peuple s'y por-
« tait en foule ; et, en jetant les yeux sur les pauvres
« prisonniers déguenillés qui venaient réchauffer leurs
« membres engourdis à la chaleur des flammes, ON MAU-
« DISSAIT HAUTEMENT CES ORDRES INEXORABLES (1). »

Telles sont les horreurs qu'enfanta l'invasion bonapartiste.

Napoléon III n'imiterait-il pas, en cela, Napoléon Ier?

Pour juger ce qu'il ferait chez un peuple conquis, il
suffit d'interroger, froidement, l'histoire de cet homme.

Belges, une mort glorieuse, en défendant votre sol,
n'est-elle pas préférable au lamentable sort des Hambourgeois d'Altona et des Espagnols de Breskens?

Est-il vrai,—comme l'affirment vos chroniques,—qu'on
ne vous asservit jamais vivants ?

Prouvez-le donc au monde, si votre pays est envahi
par les étrangers qui le convoitent.

Flandre au lion ! Sus aux envahisseurs ! Que ce soit là
votre cri de guerre !

Tant de fois victorieux pour le compte de Clovis, de
Charles-Martel, de Charlemagne, de la sanglante folie des
croisades et de Napoléon Ier, vous le serez encore en défendant votre indépendance reconquise.

Ne retrouveriez-vous pas les arcs, les frondes, les haches d'armes, les pesantes javelines, qui, à Prèle, mirent
en fuite les Romains? Il leur fallut une nouvelle bataille

____

(1) Napoléon en Belgique et en Hollande, par Charlotte de Sor, t. I,
p. 118 et 119.

et une armée nouvelle pour tuer vos pères, et non pour les vaincre.

Écoutez comment vos pères se battaient et mouraient ; Jules-César vous le dit dans ses *Mémoires* : « Malgré leur « position, quoique de tous côtés assaillis de traits lancés « des retranchements et des tours, les Belges se défen- « dirent constamment en héros qui n'ont plus d'autre « appui que leur courage, et pour qui une valeur déses- « pérée est la dernière ressource. »

« Ils sont braves et stoïques, » ajoutait Sabinus, lieu- tenant de Jules-César.

Belges, les envahisseurs de votre pays seraient des brigands altérés de pillage.

Pour les combattre, que tout, dans vos mains, se trans- forme en armes terribles ! Descellez vos toits et submer- gez les pillards sous des flots de plomb bouillant !

Écrasez-les sous vos meubles et sous les pierres de vos rues dépavées !

Chassez-les, détruisez-les, comme vos ancêtres, guidés par Van der Mersch, détruisirent ou chassèrent les Autri- chiens de Joseph II !

Minez vos routes qui deviendront des volcans,—comme les mineurs Liégeois minèrent les tours du château de Gaesbeék !

Brabançons, déployez vos bannières au vent ! Noyez les cadavres de ces nouveaux routiers dans leur sang,—et, liez, avec des cordes, ceux qui échapperont à vos glaives, —comme les paysans de Berg couchèrent sous les san- glantes bruyères de Wœringen, les routiers de l'Arche- vêque Siffroid, et le lièrent, lui-même, avec des cordes, en compagnie de Renauld de Gueldre qui avait envahi le comté de Berg !

Passez-les au fil de l'épée, égorgez-les, — comme les Clauwaerts de Conink et de Breydel passèrent au fil de l'épée la garnison du château de Male,—et, dans Bruges, égorgèrent les soldats de Chatillon, qui avaient pillé la ville et massacré les Brugeois !

Percez-les de vos flèches, fendez sur eux vos haches et vos massues jusqu'à la poignée, — comme, dans la prairie de Grœninghe, les Flamands percèrent de leurs flèches les nobles de Philippe le Bel, qui méditait l'asservissement de la Flandre, et comme ils fendirent, jusqu'à la poignée, sur la tête de vingt mille envahisseurs, les massues flamandes, hérissées de pointes de fer ! A l'exemple de vos ancêtres, qui gagnèrent la journée *des éperons d'or,* ne faites ni prisonniers, ni butin !

Saisissez vos arquebuses, nourrissez contre eux un feu meurtrier, et comblez de leurs corps sanglants vos larges fossés, — comme les Anversois comblèrent les fossés profonds de leurs murailles avec les corps mitraillés et sanglants des mercenaires du duc d'Alençon, qui voulait traîtreusement s'emparer d'Anvers !

Si leur flotte envahissait l'Escaut, jetez-vous sur des barques, crevez, en plongeant, le dessous de leurs navires ; combattez à l'abordage, déchirez leurs voiles avec des faulx, — comme les braves compagnons de Jacques d'Artevelde le firent, à la bataille de l'Écluse, où Philippe de Valois avait réuni trois cent vingt vaisseaux et quarante mille soldats ! Ne regardez ni leur nombre, ni leurs drapeaux. Un envahisseur est *hors la loi !* la légitime défense vous permet tout.

Sus aux nouveaux *écorcheurs* vivant de rapines ! Méritez, s'il le faut, par vos implacables représailles, le surnom, rajeuni, de *retondeurs.* Pendez-les, noyez-les, et que vos fleuves regorgent de leurs cadavres liés deux à deux !

Renouvelez ce sage décret de Philippe d'Artevelde :
« Que toutes les inimitiés particulières soient étouffées;
« — que celui qui se battra sans faire de blessure à l'en-
« nemi soit châtié ! »

Répétez ces nobles paroles qui effrayèrent Charles VI :
« Quand bien même tous les Flamands seraient morts nos
« os se lèveraient contre les envahisseurs! »

Liégeois, reprenez votre vieux dicton : « Que nul ne
« passe le Hesbain, qui ne soit battu le lendemain. »
Vous retrouverez un Jean de Ville pour enflammer votre
courage !

Brabançons, vos pères firent, les premiers, usage de
feux comprimés dans des pots (kanen); un siècle avant
les autres peuples, ils lancèrent des bombes à leurs ennemis; à Crécy, ils durent la victoire à leurs canons.
Peut-être, vous sera-t-il donné d'essayer, à votre tour, l'ir-
résistible puissance d'un nouveau secret arraché à la
science des batailles.

Maillets de plomb, larges haches, targes de fer battu,
fléaux, bâtons ferrés, — terribles armes de vos aïeux, —
employez tout !

Que tout ce qui peut tenir une épée se lève et com-
batte !

Flandre au lion! Sus à l'envahisseur !

Souvenez-vous des six cents Franchimontois qui, sous
le commandement de Georges de Straille et de Vincent
de Bueren, s'immortalisèrent comme les trois cents Spar-
tiates de Léonidas, en mourant, tous, jusqu'au dernier,
pour sauver Liége des fureurs du duc de Bourgogne et
de Louis XI !

Mieux vaut une glorieuse mort qu'un honteux esclavage.

Rappelez à votre souvenir d'Egmont et de Horn, déca-
pités pour avoir défendu vos droits contre l'oppression
des Espagnols qui écartelaient et brûlaient tous vos défenseurs ; — N'oubliez pas François Agneessens, décapité
pour avoir soutenu vos priviléges contre l'oppression des
Autrichiens qui vous écrasaient sous leurs décrets spo-
liateurs !

Vous le voyez, l'esclavage lui-même ne préserve pas du dernier supplice les peuples envahis.

Mourez donc, s'il le faut, mourez glorieusement, — comme, à Cassel, Nicolas Lanneken sut mourir; comme, à West-Rosebeeck, en défendant votre sol, surent mourir Philippe d'Artevelde et ses héroïques Ganlois!

L'œil fixé sur le lion que vous portez à vos bannières, si fier, si élancé, — courez sus aux envahisseurs, en ajoutant à votre cri national de : *Flandre au lion!* ceux qui s'échappent du cœur de tout homme libre : *Honneur, Devoir, Patrie!*

Et vous, confédérés des vingt-deux cantons, républicains des Montagnes et des Vallées helvétiques, enflammez-vous du plus ardent amour pour votre beau pays, aux glorieux souvenirs des temps écoulés!

Vous avez ce qui rendait vos pères *inébranlables et forts :* « La main prompte à saisir l'épée pour défendre vos droits, et le respect des droits d'autrui. »

Si des étrangers foulaient votre sol neutre et libre pour l'asservir, malheur, malheur à eux!

Dès qu'ils apparaîtront, faites répéter par tous les échos de vos rochers et de vos collines, le cri de Jean de Hallwyl: « Levez-vous, levez-vous, confédérés! Dieu, avec son soleil, éclairera notre victoire! »

Convertissez vos forêts en arsenaux; changez vos couteaux en poignards; combattez au fond des vallées, combattez au-dessus des nuages, et tuez ces provocateurs insolents, — comme les habitants de Prettingœu combattirent, partout, et tuèrent les Autrichiens de Baldiron qui les livraient à la merci du soldat et du capucin!

Précipitez sur eux, du haut de vos pics inaccessibles, des quartiers de roc; — percez-les de vos hallebardes, — comme les treize cents confédérés du Sattel écrasèrent, et comme les bergers du Morgaten percèrent les chevaliers et seigneurs du duc Léopold, qui amenait des chariots chargés de cordes pour étrangler les chefs du Peuple !

Avec des pierres, avec des hallebardes, avec des épées, avec des frondes, avec des massues, exterminez-les, — comme à Næfel, les cinq cents Glaronnais du capitaine Ambuel exterminèrent une armée autrichienne, qui avait massacré le gouverneur et trente confédérés d'Uri !

Que vos ponts se rompent, et que vos lacs engloutissent les fuyards, — comme se rompit le pont de Wesen, et comme la Linth engloutit les cadavres cuirassés des Autrichiens, fuyards de Næfels.

Nu-pieds sur vos pentes glissantes, mêlez des torrents de leur sang aux torrents de vos montagnes ; et, que vos femmes et vos filles roulent des troncs d'arbres sur les bandits, à l'exemple des femmes et des filles d'Appenzel, qui, toutes, en sarraux de bergers, debout sur les sommets de l'Am-Stoss, voulurent combattre, vaincre ou mourir avec leurs maris et leurs frères !

Pendant un long combat, elles aidèrent les Appenzelois sous les ordres de Rodolphe de Werdemberg, à détruire l'armée du duc Frédéric d'Autriche.

Confédérés, voulez-vous entendre encore des gémissements d'opprimés dans les vallées de Waldstœtten ? Vos femmes seront-elles réduites, dans vos villages envahis, à vous redire ces paroles de la femme de Werner Stauffacher : « Combien de temps encore verra-t-on l'orgueil « rire et l'humilité pleurer ? Des étrangers seront-ils les « maîtres de ce pays et les héritiers de vos biens ? A quoi « sert-il que vos montagnes soient habitées par des « hommes ? Mères, devons-nous nourrir des fils men- « diants, et élever nos filles pour servir d'esclaves aux « étrangers ? Loin de nous tant de lâcheté ! »

Non, non ! ces hommes qui vous apportent l'esclavage, auront vu leur dernier jour en touchant la libre terre de l'Helvétie !

Clouez les uns sur les arêtes et les aiguilles de vos cimes altières, ensevelissez les autres sous les glaces de vos chemins creux! Que pas un seul de ces criminels ne voie se lever l'aurore du lendemain!

Poignardez-les, — comme Adam, le villageois de Camogask, pour sauver l'honneur de sa fille, poignarda l'impudique châtelain de Gardowal!

Étranglez-les, — comme Jean Chaldar étrangla le Seigneur de Fardun, qui crachait dans la bouillie des villageois de Schams!

Abattez-les, — comme Itel Reding abattit les Autrichiens qui venaient au secours des traîtres de Zurich!

Lancez-leur des pierres meurtrières au front, — comme Arnold Schik d'Uri en lança une au chevalier Bourkard Munch, qui, en foulant des cadavres suisses, osa s'écrier : « Je me baigne dans les roses! »

Pendez-les et noyez-les, — comme Jean de Hallwyl pendit et noya les soldats du duc de Bourgogne, qui avaient pendu et noyé les confédérés de Grandson!

Inondez avec les eaux du Tessin vos prairies qui se couvriront de glace; attachez, alors, des crampons à vos pieds, et courez sur vos ennemis chancelants, — comme Frischlans Theilig, qui, par ce moyen, et suivi de six cents Lucernois, massacra les quinze mille soldats Milanais sous les ordres du comte Borelli!

Imitez les Grisons commandés par Benoît Fontana : ils couvrirent vos bruyères de corps d'Autrichiens.

Donnez un pieux souvenir à votre Curtius, à Arnold Strouthan : Les Suisses tombaient sous le fer des soldats de Léopold d'Autriche : « Je vais ouvrir un chemin à la liberté, » s'écria le héros d'Unterwalden; et, réunissant en un faisceau plusieurs lances autrichiennes, il les enfonça dans sa poitrine et tomba. Vos pères, enflammés par tant d'héroïsme, gagnèrent la bataille de Sempach.

Que les vallées rhétiennes retentissent du cri de guerre de 1632 : *Aidons nous-mêmes !*

Et, en avant, en avant !

Si quelques-uns de vous reculent, — redites les fières paroles de Rodolphe d'Erlach : « La victoire est « à nous ; les lâches nous abandonnent, les héros sont « restés. »

Et, en avant ! en avant ! Vous triompherez, comme triomphèrent, à Laupen, les Bernois de Rodolphe d'Erlach.

Quand vos derniers ennemis seront tombés, remplissez un ossuaire de leurs crânes et de leurs os, — comme les citoyens de Morat remplirent un ossuaire d'os et de crânes bourguignons, « POUR AVERTIR LES ÉTRANGERS DE RE-DOUTER LES CONFÉDÉRÉS QUAND ILS SONT UNIS ! »

Si des traîtres, soudoyés par la hideuse Rome des Papes, soufflaient la discorde et rallumaient la guerre civile au milieu de vous, — qu'ils soient écartelés, — comme fut écartelé le chanoine de Soleure, Jean Amstein, qui, sans le paysan Jean Rott, eût livré la ville au comte Rodolphe de Kybourg !

Foudroyez les traîtres, comme les Bernois foudroyèrent, à Villemerguen, les paysans qu'excitaient le nonce du pape, les moines et les curés ! — Brûlez leurs repaires, comme Nabhalz de Zurich brûla ceux de l'abbé de Saint-Gall et de ses partisans que le pape Clément XI payait !

Fusillez les chefs de la trahison, coupez leurs cadavres, et jetez-en les lambeaux dans vos rivières, — comme les Tockenbourgeois fusillèrent et dépecèrent le major Felber, qui assommait les confédérés sans défense, et mutilait leurs femmes, au nom de l'abbé dont il commandait les bandes homicides !

Mais, au milieu de cette solennelle évocation de héros qui défendirent vos droits et vos libertés, doit resplendir, comme un souvenir immortel, la patriotique scène du 17 novembre 1307 : « Levez vos mains vers le ciel étoilé; jurez à Dieu de vivre et de mourir pour les droits des peuples opprimés! »

Après avoir renouvelé ce serment de la prairie de Grutli, saluez, par un cri national, l'impérissable mémoire de l'arbalétrier de Burglen, de Guillaume Tell!

Puis, que vos flèches atteignent vos oppresseurs, comme la sienne atteignit le cœur d'Herman Guessler!

Et que leur sang impur rougisse la terre!

Et, qu'aussitôt, des des feux de joie couronnant la cime des Alpes, rougissent le ciel, — éclaire l'Alliance des Peuples, et annoncent au monde l'avénement de la Liberté!

Hollande, 9 mai 1853.

FIN.

www.ingramcontent.com/pod-product-compliance
Lightning Source LLC
Chambersburg PA
CBHW061645050726
47598CB00004B/1462